玩出来的课程

丛书主编 鄢超云 余 琳

嘉阳的 18 次挑战

编写 付国庆 张 玲 谢幸希

复旦大学出版社

图书在版编目(CIP)数据

嘉阳的 18 次挑战/付国庆,张玲,谢幸希编写. —上海:复旦大学出版社,2018.6(2023.3 重印)
(玩出来的课程/鄢超云,余琳主编)
ISBN 978-7-309-13662-3

Ⅰ.嘉… Ⅱ.①付…②张…③谢… Ⅲ.游戏课-学前教育-教学参考资料 Ⅳ.G613.7

中国版本图书馆 CIP 数据核字(2018)第 093472

嘉阳的 18 次挑战

主　编/鄢超云　余　琳
编　写/付国庆　张　玲　谢幸希
正文插图/徐　露
责任编辑/谢少卿

复旦大学出版社有限公司出版发行
上海市国权路 579 号　邮编: 200433
网址: fupnet@ fudanpress.com　http://www.fudanpress.com
门市零售: 86-21-65102580　团体订购: 86-21-65104505
出版部电话: 86-21-65642845
上海华教印务有限公司

开本 890×1240　1/24　印张 4　字数 53 千
2018 年 6 月第 1 版
2023 年 3 月第 1 版第 3 次印刷
印数 6 201—8 300

ISBN 978-7-309-13662-3/G・1841
定价: 25.00 元

如有印装质量问题,请向复旦大学出版社有限公司出版部调换。
版权所有　侵权必究

总序：玩出课程，玩出发展
——在游戏中培养儿童的学习品质

四川师范大学教育科学学院教授　鄢超云

每次到成都市第十六幼儿园（"石榴幼"），不管是在教室里、操场上、过道边，总能看到、听到很多有趣的、富有启发性的故事。"石榴幼"的案例，不管是三五分钟的活动片段，还是持续几天几周的系列活动，总是很吸引人。我常常在上课、讲座中提及"石榴幼"的案例，以至于一段时间不去，就会觉得自己的上课很空洞、没有吸引力。

我对这些活动非常感兴趣，也常常鼓励幼儿园将自己的活动总结出来，出成自己（幼儿园自己、老师自己）的专著。根据我跟幼儿园老师打交道的经验，幼儿园老师通常是做的很精彩，说的没有做的精彩，写的没有说的精彩。换句话说，幼儿教师不怕做，但怕说，最怕写。也可以说，幼儿教师写的最差、说的较差。幼儿教师谈论自己的想法、写出自己的想法，正是专业成长的重要途径。

最近几年，我一直在思考"在游戏中培养儿童的学习品质"这个话题，也就沿着"游戏""学习品质"的角度谈些想法，希望对读者理解"石榴幼"的"玩出来的课程"丛书以及"石榴幼"的课程建设有些许帮助。

一、正确认识学习品质和游戏

《指南》明确指出："重视幼儿的学习品质。幼儿在活动过程中表现出的积极态度和良好行为倾向是终身学习与发展所必需的宝贵品质。要充分尊重和保护幼儿的好奇心和学习兴趣，帮助幼儿逐步养成积极主动、认真专注、不怕困难、敢于探究和尝试、乐于想象和创造等良好学习品质。忽视幼儿学习品质培养，单纯追求知识技能学习的做法是短视而有害的。"幼儿教育工作者对这段话应该比较熟悉，但正确理解学习品质却并不容易。

学习品质与知识技能的学习有关，但却不是知识技能本身，而是面对知识技能的态度、是如何学习知识技能的方法、是如何运用知识技能的能力。当提到某个儿童的学习品质时，人们倾向于认为，若这名儿童的知识技能高，其学习品质就好；若这名儿童的知识技能低，其学习品质就差。这是一种误解，误将学习品质当成了知识技能本身。

《指南》里用到的"不怕""敢于""乐于"这些词语，能够很好地帮助我们理解什么是学习品质、什么不是学习品质。比如，面对困难，有的儿童明明具有战胜这个困难的知识技能，但却不愿或不敢去；有的儿童虽然战胜这个困难的知识技能不太够，但却愿意去试一试，失败了也能正确面对。前者的学习品质就没有后者好。在理解学习品质问题上，"态度""倾向"是我们应该重点体会的。

我们再来看一看游戏。

虽然对游戏的定义有众多争论，对其特点也众说纷纭，但如下一些说法人们大致认可：游戏中的儿童具有积极的情绪体验，是一种虚构性活动，强调内在动机、过程导向，游戏是儿童自由选择的活动。

当我们说在游戏中培养学习品质，必须明确的是，这里的"游戏"是具有游戏的上述特点的活动。如果"游戏"已经不是幼儿自由的活动、已经没有积极的情绪体验，这样的活动在学习品质上或许有些益处，但却不是因为游戏带来的。

二、观察游戏中的儿童、游戏中的学习品质

当儿童在热情投入地游戏时，就会有很多学习品质在发生、在被培养。但如果我们根

本看不到具体游戏中具体儿童的具体学习品质，通过游戏培养学习品质就会变成形式、口号。

我认为，幼儿园需要持续不断地组织园本教研，以培养幼儿教师观察儿童的意识和相应的能力。我发现，大多数幼儿园教师并不害怕观察，大家怕的是交流、讨论，尤其怕把观察到的、想到的写出来。如果幼儿教师不去讨论自己看到的、想到的东西，专业发展就会受到限制。幼儿园应精心设计教研活动。比如，针对幼儿教师在观察中各看各的、各说各的这样的现象，让两个教师一组，共同观察同一名游戏中的儿童，观察过程中不交流，观察结束再说出自己看到的、想到的，通过这种方式，让教师在观察儿童上是聚焦的，保证大家想说、敢说，能说到一起去。下面是一个教研的描述：

一群儿童在玩秋千。一名儿童着迷于推秋千。他站在秋千的侧面（因而秋千不会打到他），努力地推着秋千，把秋千推得很高，推得很高之后会停一会，站在旁边看，然后又继续推。坐在秋千上的儿童看上去很高兴、刺激，有人喊"上去""上去"，但这名推秋千的儿童却继续按他的方式推着秋千。

两位观察者围绕这名推秋千的儿童，交流他们看到了什么。在谈论他们自己想法的过程中，大家的观察意识、能力都得到了提高。有意思的是，一个老师提出："如果这名'推'秋千的儿童的家长看了这段视频，可能有什么感受？"两位老师对这个问题讨论得很深入，也引发了不少其他老师的参与。有的说，家长会"难受""感觉自己的孩子在下苦力"，一句话，感觉自己的孩子"吃亏了"。也有老师提出要尝试让家长看到推秋千的儿童在这个活动中的学习和发展。比如，大家认为这名儿童推得很好，推得很有策略，比其他好多儿童推的水平都高，推得很有智慧。

这样的园本教研，对教师观察游戏中儿童有何特点、有何需要，儿童在某个具体游戏中有何具体的学习品质是很有帮助的。

要能在游戏中"看到"学习品质，需要观察者对游戏熟悉、对学习品质熟悉、对班级的儿童熟悉。在观察者的脑袋里，要有一张关于游戏的地图，有哪些游戏、什么游戏有什么价值、哪些游戏可能出现什么样的状况；也需要有一张学习品质的地图，有哪些学习品质、什么学习品质容易在什么游戏中出现；还需要一张班级儿童的地图，哪些儿童喜欢什么游戏、不喜欢什么游戏，哪些儿童具有什么学习品质、在哪里容易体现，哪些儿童不具有什么学习品质、在哪里就可能得到培养。

三、开展高水平、有质量的游戏

只有高水平的、有质量的游戏，才能够真正培养起儿童的学习品质。这种有质量的游戏，既强调游戏应该是儿童自己的游戏，在游戏中儿童有自主、自由的机会，也强调儿童的游戏应该是得到恰当支持、引导的。

有研究者指出了儿童游戏的三种水平："混乱失控的游戏；简单重复的游戏；有目的的、复杂的、能够让儿童聚精会神的游戏"[①]。高水平、有质量的游戏，不是混乱失控，简单重复。我看到过类似的游戏：儿童主要是在抢玩具、儿童之间的纠纷多且时间长，老师像"世界警察"一样，忙着到处解决纠纷、调停冲突；儿童对所要做的事情百无聊赖，一直处于低水平的机械重复之中。我曾走入一个正在"自由游戏"的班级里，正在玩游戏的小朋友们都急着跟我打招呼。我想，至少这些游戏对儿童来说，不是"聚精会神"的。

所谓高水平、有质量的游戏，不存在绝对统一的标准，因为幼儿园、班级、儿童是不一样的。或许，儿童的游戏都处在一个阶梯序列上，我们应确保儿童游戏至少处于现在发展水平，并努力向更高水平递进。这让我想起在一些幼儿园关于游戏开展的一些阶段的描述，如区角活动如何"从无到有，从有到用，从乱用到规范，从规范到科学，从科学到特色"。或许对于有些幼儿园来讲，孩子能够进入某一区角"玩起来"就是高水平、有质量

---

① 格朗兰德. 发展适宜性游戏：引导幼儿向更高水平发展［M］. 北京：北京师范大学出版社，2014：10.

的，而对另外有些幼儿园却不是。

四、游戏的某些细节的学习品质培养价值

儿童游戏的进行是由一个一个相互关连的细节组成的。比如，游戏的各个环节，游戏中儿童的某些行为，游戏中教师的某些言行等。我们应该发现这些细节中的学习品质培养价值，进一步利用这些因素，主动培养学习品质。

在游戏的初始阶段，通常面临着玩什么、怎么玩、在哪里玩、和谁玩这些问题，对这些问题的回应，正是儿童积极自主、选择计划的重要时机。在游戏的持续开展阶段，儿童如何与他人互动，如何面对问题，如何产生新想法等，也是非常重要的学习品质时机。在游戏的结束环节，儿童对玩具、场地的收拾、整理，对自己游戏行为的思考，对他人游戏行为的解释等，是学习品质的重要方面。

比如，幼儿园游戏小结这个环节，如果更多的是进行评价，甚至评比，只是指出谁表现好、谁表现不好之类，其学习品质培养价值就不大。如果能够注意到"反思与解释"这样的学习品质，将游戏小结和反思与解释联系起来，就会很不一样。从反思的角度来看，儿童是如何描述他刚经历过的事件的？关注了什么，忽略了什么？这样，游戏小结就变成了儿童自己的对游戏的小结，而不是教师喋喋不休地在那里小结。从解释的角度来看，既可能是解释他人也可能是解释自己，儿童的解释反映着他们的思维。这样，儿童小结就变成了儿童认识的展示、交流甚至交锋。

儿童的游戏，是由一系列的游戏行为、事件所构成的。通常情况下，我们更容易看到类似合作、探究这些行为中的学习品质，不太容易看到纠纷、游荡、旁观、打闹、发呆可能也蕴含着学习品质的培养机会。在游戏中，难免会发生一些纠纷。有些老师会害怕纠纷，当纠纷发生时立即介入、化解纠纷。而有的老师则将游戏中的纠纷视作宝贵的教育资源，让儿童在纠纷中成长。有些幼儿园的游戏中有警察，有些幼儿园有"和平谈判桌"，

其目的都是引导儿童自主解决纠纷。在完全的自由游戏中，可以看到有的儿童在旁观、游荡，有的儿童似乎只是简单打闹甚至发呆。对于这些行为，不可一概判断为不够专注、投入，而应做一些具体分析。有的儿童看似旁观、闲荡，实则是在比较、分析、选择和判断。

在游戏中，如果我们这样说、这样做，就可能会有利于某些学习品质的培养；如果我们那样说、那样做，就不利于某些学习品质的培养。比如，当儿童失败时，更多地讨论没有做出相应的努力，而不是能力不足；当儿童面对压力时，更多地向儿童谈论成人面对这些压力时的感受、情绪，而不是简单地鼓励儿童你能行；当儿童完成某一任务时，更多地赞扬儿童的某些具体方面，而不只是简单地鼓励、空洞地表扬……

总之，游戏的价值众多，培养学习品质是其一；学习品质培养的途径众多，游戏是其一。游戏与学习品质如同一对孪生兄弟，相互支持、相互促进。在高水平、有质量的游戏中，儿童的学习品质能慢慢形成，这不仅对其入小学，而且对其未来的学习乃至终身发展都有益。在"玩出来的课程"这套丛书里，我们能够看到教师是如何通过高质量的游戏促进儿童学习品质的发展的，期望对广大读者朋友们有所启发。

前言

幼儿园的教育是以游戏为基本活动的，游戏对幼儿学习与发展的重要作用也已经在学界达成了共识。十多年来，我园一直致力于幼儿游戏的研究，从关注游戏的内容与形式到开始关注游戏的教育与成长功能，我们不断更新着对游戏的认识。我们认为"游戏之于幼儿是玩玩，之于教师是教育，之于教育是发展"。也就是说游戏不仅仅是让幼儿玩玩而已，而是教师要依托游戏促进幼儿的学习与发展。我们摒弃过分强调游戏的"娱乐性""重复性"的倾向，转而强调游戏中的学习因素和学习的有效性。这种高水平游戏的出现，教师是关键，需要教师深入到游戏现场，认真分析幼儿在游戏中的想法与观点，通过支持幼儿去尝试或提出更有深度的问题让幼儿去探究，将幼儿游戏引向深入，从中获得更有意义的学习。在这样的理念引领下，幼儿园形成了浓浓的观察、解读与支持幼儿游戏走向更高水平的文化氛围，《嘉阳的18次挑战》正是在这样的理念背景下产生的幼儿深度学习活动案例。

从这持续25天的观察、连续18篇的记录中，我看到了多米诺骨牌带给嘉阳和其他孩子的各种游戏可能，也看到了嘉阳不断地为自己设立更高目标、不断挑战自我、在与环境的互动中建构对事物之间关系的认识的无数"精彩时刻"。总体上来看，嘉阳的18次挑战经历了这样几个过程：了解多米诺的基本玩法、探索"直线"多米诺、探索"弧线"多米诺、探索"圆形"多米诺、探索"三角形"多米诺以及探索更复杂的组合模式。在探索过程中，嘉阳不断地在建构自己的理论——材料的轻重、材料的距离、材料的数量、摆放拐角弧度与"倒不倒"之间的关系。

更让我们兴奋的是，嘉阳的故事没有止于幼儿园墙内。在中国学前教育研究会第5次会员代表大会现场，经四川师范大学的鄢超云教授牵线，华东师范大学郭力平教授、西南大学苏贵民教授和美国孟菲斯大学薛烨教授，齐聚讨论了嘉阳引发的这一系列游戏。透过不同专家的不同视角的解读，让我们距离儿童发展的真相又近了一些。

①郭力平教授将嘉阳的探索过程概括为三个阶段：一是了解"多米诺"游戏的基本规则；二是解读单个因素的问题；三是解决涉及两个因素的问题。郭教授指出："无论是对科学概念的理解还是问题解决能力的提高，幼儿的发展都不是一蹴而就的，而是存在一定序列的'发展阶梯'的。嘉阳探索经历的三个阶段，反映了幼儿认知发展和问题解决的一个基本特点，即当一个任务需要幼儿同时综合考虑两个或两个以上因素时，通常这个问题对幼儿来说有相当难度。从幼儿的认知特点来看，需先探索并了解一个因素的特点，当其对一个因素的相关问题有了足够的直接经验之后，幼儿才能结合两个或以上因素，思考并解决问题。这是幼儿阶段认知发展的一个基本特点，也是我们理解和支持幼儿探索行为的基础。"郭教授的解读也让我们对幼儿问题解决能力发展的渐进性特征有了更深入的认识。

其实，在嘉阳的整个探究过程中，不仅仅是知识技能得到了增长，他的耐心、毅力、坚持、专注等学习品质在游戏中均得到了极大的锻炼。更重要的是，嘉阳还学习到对他人抱有同理心，学习理解、宽容与包容他人，学习控制和调节自己的情绪，学习如何与他人合作相处等。在我看来，这些发展对他来说才是最重要的。

回顾整个活动实施的过程，嘉阳之所以能够经历18次挑战是与教师持续的关注与支持分不开的。当幼儿不断重复某一游戏行为或者不能很好地运用自己的想象力与创造力进

---

① 郭力平、蒋路易. 支持幼儿学习与发展的"最近发展区"视角 [J]. 学前教育，2017（4）.

行游戏时,教师就会及时地介入游戏,为他们提供新的材料或者新的理念,以引发更高水平的游戏行为。活动过程中,教师给幼儿看高手玩多米诺骨牌的视频、请嘉阳当小老师、利用中午休息时间为孩子们摆复杂的多米诺骨牌造型、帮助嘉阳召集小朋友共同参与挑战大圆的计划等,都是多米诺骨牌游戏能够持续深入推进的关键。游戏是促进孩子全面发展的一个非常好的途径,但是,并非孩子游戏了就一定有发展,孩子在游戏中真正获得发展需要教师的支持、引导,将游戏一点点引向更深入、更宽广的空间!

　　能够连续一个月持续追踪这个游戏并不是一件容易的事。因为多米诺骨牌的游戏一般是在晨间游戏时间(上午8:30—上午9:30)开展,而班上的两位老师实际上是分早晚班的,晚班是9:30上班,该活动的实施者张玲老师为了不错过孩子的每一个游戏瞬间,整整一个学期都没有上过晚班,而她也仅仅只是一位工作才两年多的职初期教师。感谢张玲老师的奉献与付出,正是她的牺牲和坚持才得以完成连续25天的观察记录,让我们有机会完整地看到儿童的学习过程,并有机会对看到的学习过程加以叙述和分析,从而逐步建构起我们自己的儿童发展知识。感谢付国庆老师对整个活动案例的专业梳理,让我们清晰地看到了嘉阳挑战多米诺骨牌的发展轨迹,让我们通过真实的案例了解了游戏是如何促进孩子的全面发展的。同时,也非常感谢与张玲同班的张骁萌老师和徐谦老师。在活动实施的过程中,他们乐于分担更多的班级工作,并愿意一起倾听、解读、支持、拓展孩子们的游戏,才最终成就了嘉阳的18次挑战。

　　张玲老师虽然年轻,但却是一位具有儿童视角的老师,她总是能够发现儿童游戏中的学习线索,并总是有很多好的点子给予儿童适宜的支持,也许这就是一种教育直觉吧。她善于倾听儿童,非常尊重儿童且对儿童怀有一颗敬畏之心。她视儿童为自信而有能力的学习者,所带班级总会给孩子更多的探究与挑战的机会。从张玲老师身上让我感受到,能否在游戏中支持儿童的学习和发展与学历、年资无关,而是取决于我们是否具有游戏活动化的意识以及是否具有儿童视角。

最后，我想对该书的结构做一些说明。像《嘉阳的18次挑战》这种不断追随幼儿的兴趣而生成的活动对幼儿教师观察、解读与支持儿童的能力提出极大的挑战。为了让广大读者在阅读此活动时除了了解整个活动的实施过程，还能了解儿童在整个过程中的学习与发展以及教师支持背后的教育意图，该书专门设计了辅栏。辅栏一共设置了四个小栏目，分别是：解读、支持、注释、反思（用四个不同造型的十六幼娃娃进行区分）。其中，"解读"主要是对儿童行为背后的意图、隐含的学习等进行解读；"支持"主要是对教师支持行为背后的理念、意图及意义进行阐释；"注释"主要是提供一些相关的背景信息，以便于读者更好地理解活动内容；"反思"主要呈现教师在整个活动实施中对自身教育行为的反思以及对幼儿的新认识。这四个栏目很好地将教师观察、解读与支持儿童背后的所思、所想、所感呈现了出来，对幼教同行开展类似的活动具有一定的参考及借鉴价值，期望对大家有所启发。

编　者

2018.5

目录

课程缘起 …………………………………………………… 1

第1次：一个倒，全部倒 …………………………………… 2

第2次：搭建更长的多米诺骨牌 ………………………… 12

第3次：从教室的这头摆到那头 ………………………… 14

第4次：挑战新材料——竹片 …………………………… 22

第5次：会拐弯的竹片 …………………………………… 25

第6次：又一种新材料——数字木块 …………………… 28

第7次：现在玩得太简单了 ……………………………… 31

第8次：嘉阳当起了小老师 ……………………………… 34

第9次：木块的新组合 …………………………………… 37

第10次：嘉阳当上了大家的老师 ………………………… 39

第 11 次：去教室外面玩 …………………………………… 45

第 12 次：挑战大圆 ……………………………………………… 48

第 13 次：再次挑战大圆 ……………………………………… 53

第 14 次：挑战三角形 ………………………………………… 59

第 15 次：小杜，我明天陪你 ……………………………… 62

第 16 次：算了，没事了，重来吧 ……………………… 65

第 17 次：一个人玩有点失落 ……………………………… 70

第 18 次：我要搭一座城市 ………………………………… 73

启示 …………………………………………………………………… 79

后记 …………………………………………………………………… 81

课程缘起

故事的主人公叫"嘉阳",是一个 5 岁半的小男孩。他非常喜欢有挑战的游戏,游戏中只要他发现有自己想做却做不到的事情,他一定不会轻易放弃,反而会激发他探究的激情。如果到了饭点他还没有找到解决问题的办法,他会不吃饭先探究一阵才会放下。他特别享受学习新事物、探索新发现的过程。他很有自己的想法,但有些固执;他不太喜欢同伴加入他的游戏,也不太能够接受同伴的不同意见,经常会发脾气或与他人发生争执,班级里的小朋友尤其是女孩因为觉得他太凶,不喜欢跟他玩,因此在班级里经常会看到嘉阳独自一人游戏的情景。

注释

固执、倔强、严肃、善于思考、乐于挑战是嘉阳小朋友的个性特质。

第 1 次：一个倒，全部倒

10月20日上午,晨间游戏时,嘉阳、毛毛在用小积木叠高。(图1-1)他们将小积木横竖交错摆放形成架空状,很快就摆了4层。

图1-1

> **解读**
> 嘉阳和毛毛垒高的速度很快,说明他们已经比较熟练地掌握了垒高的技能了,此时他们的游戏更多是处在简单重复的水平。

"用小积木垒高"是孩子们已经熟练掌握的游戏玩法,而且这种垒高的玩法孩子们已经玩了很久了,对嘉阳和毛毛来说该游戏已经没有太多的学习和挑战了。我想,示范一种新的玩法也许能拓宽孩子的思维,为嘉阳和毛毛的游戏带来更多学习的可能性。

于是,我坐到孩子们的对面玩了起来。我把小积

> **支持**
> 采用平行游戏的方法介入孩子的游戏,一方面是给孩子充分的游戏自主性,另一方面是期望引发孩子的主动关注,主动学习。

木一个一个立在桌子上,示范着多米诺骨牌的玩法。还没等我推倒积木,毛毛指着我摆放的一排积木说:"小张姐姐,我会玩这个游戏。这个游戏叫多米诺骨牌,我在家玩过。"

说完,毛毛便用小积木玩起了多米诺骨牌的游戏。嘉阳也跟着摆了起来(图1-2)。两人合作先摆了一个圆形,后摆了一个正方形,可惜都失败了(图1-3),没有实现一个倒全部倒。

解读
解决环形多米诺骨牌一个倒全部倒的问题,需要综合并恰当考虑骨牌与骨牌之间的位置关系、间距等多个因素,嘉阳和毛毛都未具备这一能力。

图1-2

图 1-3

观察嘉阳和毛毛的游戏可以发现,他们失败的原因几乎都是在摆放的过程中没有注意到材料之间的距离问题。由此可以看出,毛毛只是知道多米诺骨牌游戏的基本玩法,但玩多米诺骨牌的成功经验不多。而嘉阳是第一次知道多米诺骨牌游戏,他是在模仿同伴的行为。

他们的失败反而让我很欣喜,因为问题正是激发

 反思

了解孩子的已有经验是支持儿童在最近发展区发展的前提。

孩子学习的动力。我知道新的学习即将诞生了。（图1-4）

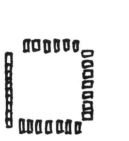

图1-4

果然，失败引发了他们的好奇心和探究欲望。

毛毛："可能这个东西不行，我们去找其他东西试试吧。"

嘉阳："好啊，我觉得麻将可能可以。"

于是，他俩飞奔到小结构区，找来了麻将进行尝试。虽然都是麻将，但他们实验的方法并不相同。

嘉阳将麻将背面朝上一个压一个排成了一排，然后拿掉排头第一个麻将，其他麻将便顺势依次倒下。嘉阳非常得意自己的新发现。（图1-5）

 解读
孩子们将失败的原因归结为材料的问题。实际上是因为摆圆形需要幼儿同时考虑距离和拐角两个因素的问题，目前幼儿的已有水平还无法支持。

 解读
嘉阳另类的玩法说明他缺乏玩多米诺骨牌的直接经验。

图 1-5

毛毛则在常规多米诺骨牌玩法的基础上也有所创新。他摆了两层,但由于麻将比较重,且两层麻将中间是断开的,所以他的玩法没有成功。(图 1-6)

图 1-6

毛毛:"麻将不行,得再换一种东西。"我想知道原因,于是问他:"为什么麻将不行呢?"

> **解读**
> 相同游戏水平的同伴不能形成学习鹰架。

解读
孩子们认为材料本身的轻重是影响"倒不倒"的因素。

毛毛:"因为麻将太重了,不好推倒!"
我:"那你觉得什么东西可以推倒呢?"
毛毛:"我要找找看才知道。"
嘉阳:"子弹头比较轻。毛毛,我们去试试子弹头吧!"
毛毛:"我现在不想玩这个游戏了,我明天再试!"
嘉阳:"那我自己试!"(图1-7)

图1-7

解读
尝试四头子弹头材料失败。

嘉阳独自一人来到小结构区找到子弹头尝试了起来。他先尝试了四头的子弹头,依次摆了4个在地板上,用手一推,子弹头并没有马上像他想的那样一个

个倒下。(图1-8)

支持

给孩子足够的探究时间与空间。

图1-8

他又换了两头的子弹头进行尝试。这次他依次摆了5个,然后用手指轻轻一点,5个子弹头依次倒下,嘉阳脸上露出了得意的笑容,他指着他的实验成果给旁边的小朋友们看。(图1-9)

解读

尝试两头子弹头材料成功。

图 1-9

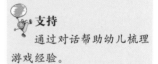

支持

通过对话帮助幼儿梳理游戏经验。

为了帮助嘉阳梳理游戏经验,将这一切看在眼里的我对嘉阳说:"嘉阳,你发现了什么秘密呀?"(图 1-10)

图 1-10

嘉阳:"这个小的子弹头可以推倒!"

我说:"这个四头的子弹头,为什么不可以呢?"

嘉阳:"四头的太重了,不容易推倒;两头的更轻,容易推倒!"

> **解读**
> 得出两个头的轻、容易推倒的结论,获得材料轻重影响游戏成功与否的经验。

为了激发嘉阳持续的探究兴趣,我决定激励嘉阳一下。

我对嘉阳说:"哇哦,这个试验真有趣,我今天也第一次知道这个秘密。谢谢你跟我分享你的发现!通过自己亲自试验得出的结论一定是最可靠的,老师期待你跟我分享更多发现哦!"

听我这么说,嘉阳开心地点了点头。

如果说之前嘉阳只是对搭建多米诺骨牌的游戏好奇,那么现在他已经开始迷上了这个可以带给他无限可能与挑战的游戏。他已经开始有目的地探索"什么材料可以一个倒、全部倒"。在操作各种材料的探索过程中,他还建构着"什么轻重的材料才适宜"的游戏经验。

第 2 次：搭建更长的多米诺骨牌

10月21日上午,晨间游戏时,嘉阳又拿起了两头的子弹玩具,玩起多米诺骨牌的游戏。这次,他不断地尝试增加子弹头的数量:4个、6个、10个、16个。最终,他成功挑战了16个!(图2-1)

解读

在材料数量增加上给自己设置挑战,并不断获得成功,开始对这个游戏着迷。

图2-1

第 3 次：从教室的这头摆到那头

10月22日,嘉阳依然选择用子弹头继续他的游戏。他说:"小张姐姐,我想从教室这头排到教室那头。"(图3-1)

解读
设定了更大的挑战:从教室这头排到教室那头。

图3-1

我说:"哇,这个想法太酷了,我都有点儿迫不及待想要看到结果了。"

这时,旁边的毛毛和小杜听到了嘉阳的计划很感兴趣,想跟嘉阳一起摆。可是,嘉阳怎么都不同意他

支持
认同孩子的计划并予以热烈的期待。

们加入。

毛毛:"嘉阳,我可以跟你一起摆吗?"

小杜:"我也想要加入你的游戏,可以吗?"

嘉阳:"不行,你们摆的会倒的,我要自己摆。"

被拒绝的毛毛着急地说:"我会玩多米诺骨牌的游戏。我摆的时候小心一点儿就是了。"

嘉阳依然坚定地说:"不行!我们自己摆自己的嘛!"

> **注释**
> 嘉阳平时就喜欢独自探索,他不喜欢与游戏水平不如自己的人一起玩耍。

图 3-2

毛毛再三请求,并提出了好的建议。(图 3-2)

毛毛:"教室太长了,你从这头开始摆,我从那头开始摆,然后我们再会合。这样摆得更快,要不然游戏时间结束了你可能都摆不好!"

听到毛毛这么说,嘉阳愣了一下。他觉得毛毛的建议似乎很有道理,再加上毛毛的再三请求,最终嘉阳还是没能抵挡住毛毛的热情攻势,勉强同意毛毛可以和他一起摆。但是,他还是不同意小杜加入,只是让小杜负责守护材料,目的是不要让其他小朋友靠近把材料碰倒了。

说干就干,嘉阳和毛毛一人负责一头摆了起来(图3-3、图3-4),但最后因为两人摆的不在一条线上,子弹头最终没有连接起来。

> **解读**
>
> 嘉阳通过一段时间的探索,知道玩多米诺骨牌游戏需要耐心和技巧。嘉阳接受他人参与、了解合作才能短时间内完成大工程。

图3-3

图3-4

解读

嘉阳有极强的观察能力和解决问题的能力,这是支撑嘉阳能够解决问题持续深入探索的保障。

嘉阳开始主动合作。

怎么才能保证两个人摆在一条直线上呢?嘉阳思考着。突然,嘉阳发现教室木地板的缝是一条直线,他高兴得像发现了新大陆(图 3-5)。他跑去对毛毛说:"你看这条缝是直的。我们只要按照这条缝来摆就一定是直的!"毛毛:"对,我们就按照这条缝来摆!"

图 3-5

嘉阳和毛毛再次按照新的方法进行尝试。在小杜的保护下,这一次他们真的从教室的这头摆到了那头(图3-6)。

图3-6

他们的游戏引来了班级许多小朋友的围观。大家都很好奇他们在做什么,也很期待将会发生什么。可惜,最后他们的计划失败了。长长的子弹头玩具根本没有倒

解读

失败为嘉阳带来了更多的与同伴共同学习交流的机会。

此时,已是三个人的合作。

注释

小杜看似游戏的旁观者,但她其实只是行为上的旁观,情感与思想已进入了游戏中。

下去。他们仨聚在一起,认真讨论失败的原因(图3-7)。

图3-7

> **解读**
> 共同解决问题的过程让嘉阳开始接纳同伴的合作、参与。

毛毛说:"是不是因为太近了,刚刚全部都重(叠)在一起了。"(图3-8)

图3-8

小杜说:"对啊,刚刚完全倒不下去。"

嘉阳接着说:"对,这个距离不能太远,远了靠不上;也不能太近,近了会重起来,只能刚合适。"

听到嘉阳说距离要刚合适,我赶紧追问了一句:"什么才叫刚合适?"

嘉阳:"就是后一个材料倒下去的时候刚好打倒前一个!"(图3-9)

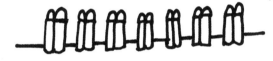

图3-9

以往嘉阳很不喜欢同伴参与他的游戏,即使是参与也要讲条件、提要求。游戏中若因为同伴导致游戏失败,他会发很大的火。今天他竟能心平气和地与同伴讨论,这让我很是欣喜。另外,合作游戏和分享经验的新机会也引发了嘉阳开始关注材料之间的距离问题,这也让我看到了合作游戏可能会带来更多的学习契机。

 支持

通过提问帮助嘉阳梳理"合适的距离"的经验。

经验的形成需要经过反思的过程,"只是做"不一定能够形成经验。让嘉阳用语言表达出来合适的距离是什么,正是激发他去反思的过程。

反思

在这段时间内,嘉阳逐一解决了"重量、数量、线性排列、间距"等单个因素的问题。可见,幼儿有主动探索的意识,但是探索能力的发展是循序渐进的。在探索初期,幼儿能够理解和善于解决单个因素的问题。因此,对于此时的嘉阳而言,解决多米诺骨牌的单一因素问题处于其当前的最近发展区。

第4次：挑战新材料——竹片

10月23日,吃完早饭,嘉阳从手工区找来了一筐废旧麻将凉席上拆下来的竹片材料摆弄起来(图4-1)。

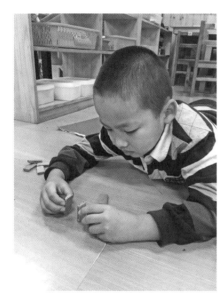

图4-1

竹片材料很难立起来,因为竹片的底部较窄且不平,所以一开始立上两块都难,可是嘉阳并没有放弃。竹片倒了无数次,嘉阳挑战了一次又一次。他的坚持与耐心简直让我惊叹!

反思

"是什么让嘉阳能够执着坚持?"我想是嘉阳对此游戏的兴趣以及强烈地想要探索的动机。因此,在培养孩子的学习品质时,兴趣和动机是我们关注的重点。

支持
适时的提问促进思考。

解读
在大量的操作实践中嘉阳总结出了"底部宽且平的竹片才好立"的经验。

嘉阳也在一次次的失败中不断总结经验。后来我发现他每摆放一个都会在框里先精心选择一翻。

我好奇地问嘉阳："嘉阳,你要选什么样的啊?"

嘉阳："我在选底部比较平、比较宽的!这种容易立稳!"

嘉阳经过努力,最后成功摆了16个!(图4-2)

图4-2

第 5 次：会拐弯的竹片

10月26日,晨间游戏,嘉阳依然选择用竹片来玩多米诺骨牌游戏。今天,他不再是沿直线摆,而是摆出了弧度。(图5-1、图5-2)

图5-1

 解读

嘉阳的探究已经从直线过渡到了曲线,游戏的难度提高了,意味着嘉阳的游戏水平提高了。

图5-2

嘉阳："我要摆一个会拐弯的多米诺骨牌！"刚开始每到拐弯处，竹片都会因为距离远而断开连接，每次嘉阳都会仔细地观察，然后不断地调整拐弯处竹片的位置，在拐角的地方嘉阳会把材料靠得更近。

我问他："为什么这里的距离要小一些呢？"他说："离得远了就靠不上了，这里是要拐弯的！而且拐弯的地方要是弧形才行！"

最后，嘉阳成功立起来28个竹片，并且成功地做到：一个倒全部倒。

对于喜欢挑战的嘉阳来说，有难度的材料似乎更能激发他的斗志。他专注、坚毅，非常善于观察与反思，每次遇到困难他似乎都能有条不紊地探究和解决，他良好的学习品质在这样的游戏中体现得淋漓尽致。

 解读

① 当嘉阳积累了解决各个单因素问题的充足经验后，他开始主动综合运用这些经验，解决同时涉及两个因素的问题，综合关于"间距"和"线性排列角度"的经验解决多米诺骨牌的环形拐弯问题。

——引自郭力平、蒋路易老师的解读。

---

① 郭力平，蒋路易. 支持幼儿学习与发展的"最近发展区"视角［J］. 学前教育，2017（4）.

第6次：又一种新材料——数字木块

10月27日,嘉阳用数字木块玩起了多米诺骨牌的游戏。因为这个材料底部更宽,所以对嘉阳而言,他很轻松就能立起很多块!(图6-1)

图6-1

嘉阳:"小张姐姐,我要用一整筐材料铺满整张桌子!"

我:"哇,这个想法很棒哦,好期待你的成果!你需要我的帮助吗?"

嘉阳:"不用,你等着看结果就行了。"

注释

嘉阳的这个目标的实现需要综合处理好了"间距"和"线性排列角度"两个因素之间的问题。

支持

再一次呼应儿童的想法,激励幼儿继续走向更高水平。

解读

完成目标后的嘉阳又开始给自己设立更高的目标。

反思

嘉阳在探索过程中会多次失败，表明当一个任务需要幼儿同时综合考虑两个或两个以上因素时，通常这个问题对幼儿来说是有相当难度的。

解读

"嘉阳的成功反映了幼儿认知发展和问题解决的一个基本特点：两个或以上因素问题的解决需要建立在对一个因素的相关问题有了足够的直接经验之后。嘉阳前期对材料、距离等单因素问题的探索为此次更为复杂的探索奠定了基础。

这是幼儿阶段认知发展的一个基本特点，也是我们理解和支持幼儿探索行为的基础。"

——引自郭力平、蒋路易的文章《支持幼儿学习与发展的"最近发展区"视角》。

用所有的材料铺满桌子并不是一件简单的事情，整个过程中嘉阳不能犯一点儿错误，否则就得从头再来。虽然屡次失败，但嘉阳对此乐此不疲。他最终用木块围绕桌沿摆了一个类似麻花状的图形，实现了自己心中的目标，嘉阳兴奋地跳了起来！（图6-2）

图6-2

嘉阳总是那么有目标性，在游戏中他会不断地为自己设定更大的目标并努力去实现，似乎只有这样他才能在游戏中获得满足。

第 7 次：现在玩得太简单了

10月29日，嘉阳、毛毛和小杜三人又聚在一起玩起了多米诺骨牌的游戏。今天嘉阳没有提出什么新的挑战，他们的玩法也没有什么新的变化。他们分别用数字木块和彩色积木各自摆弄着，明显感觉嘉阳今天的游戏专注度和游戏兴趣都不如从前了。

最近，由于没有新经验的进入，嘉阳的多米诺骨牌游戏进入了一个瓶颈期。于是，我决定给嘉阳一些新的刺激和启发。

到底如何为儿童的进一步学习提供支架呢？我想我首先需要判断孩子目前的最近发展区是什么。当孩子们已经掌握了多米诺骨牌的基本玩法和技能时，孩子们下一步发展的可能性是什么呢？要弄清楚这个问题我就需要了解更高水平的多米诺骨牌的游戏玩法。于是我上网查阅了相关的资料和视频，我发现更高水平的多米诺骨牌游戏是探索更宏大更复杂的组合模式，从直线到曲线、从平面到立体，摆放的造型也更为复杂和多变。视频的学习帮助我找到了进一步提升多米

解读

想让儿童对一个游戏始终有兴趣，需要游戏不断地带给他新的经验与发现。嘉阳探究多米诺骨牌游戏已经一个多星期了，多米诺骨牌游戏的基本玩法以及一些基本的技能嘉阳已经掌握。嘉阳的已有经验也无法支持他想到更高水平的游戏内容了。当游戏没有了新的挑战，游戏的兴趣必然会逐渐地减退。

反思

儿童的游戏停滞不前，儿童的游戏兴趣在逐渐减弱时就是教师介入的契机。

当孩子们的已有经验限制了多米诺骨牌游戏的进一步发展时，需要给他们一些新的刺激，去激发他们的灵感，去丰富他们的经验，将他们的游戏引向更高水平，否则该游戏可能会在教师的无作为中夭折。

诺骨牌游戏水平的线索，即支持儿童探索更为复杂的组合模式。那如何让儿童获得这样的游戏经验呢？我决定给孩子们看更高水平的玩多米诺骨牌游戏的视频，通过看视频丰富孩子们的间接经验，拓宽孩子们的思路，激发孩子们新的探索，引发更多的学习可能性。

10月30日，为了打破目前的游戏困境，我与嘉阳、毛毛和小杜分享了我在网络上搜集的更高水平的玩多米诺骨牌的视频（图7-1）期待能带给孩子们新的启发。他们观看视频时，不断发出"哇"的惊呼声。"好厉害！还可以用多米诺骨牌修建一座城市，"嘉阳说，"我们也要做这样的，现在玩的太简单了！"

支持

要保障为嘉阳提供的学习支架的适宜性，我们必须要对嘉阳的最近发展区做出判断。判断的难点在于对下一步学习的可能性的判断，该判断与是否了解游戏本身的发展序列密切相关。因此通过查阅资料分析多米诺骨牌游戏的发展水平序列是帮助教师找到儿童的最近发展区的一种途径。

解读

视频中高水平的游戏再一次激发了嘉阳探究的热情。

图7-1

第 8 次：嘉阳当起了小老师

有了视频的激发，嘉阳这两天玩多米诺骨牌游戏的兴趣又空前高涨。10月31日，因为嘉阳，班上许多小朋友也玩起了多米诺骨牌的游戏。（图8-1）尤其是小杜，她很崇拜嘉阳。每次见到我，她都会告诉我，嘉阳是班上玩多米诺最厉害的。因为嘉阳，她对玩这个游戏也非常着迷。（图8-2）

图8-1

图8-2

支持

看视频拓展了孩子们视野，丰富了孩子们的经验，激发了孩子持续探究的兴趣。

解读

在多米诺游戏中，嘉阳作为发起和水平引领者，他以自己的实力赢得了同伴的认同与欣赏。

反思

幼儿持续的游戏兴趣离不开教师的持续关注与支持。

解读

平时,嘉阳很少跟女孩一起玩。估计是小杜对他的崇拜与表扬以及愿意听他的指导,让他觉得很有成就感。人终究是社会性,每个人都渴望得到他人的认同与欣赏。

这一天,嘉阳似乎又有了新的计划,他、毛毛和小杜一起围着一张大桌子摆了起来。摆了一会儿嘉阳对我说:"小张姐姐,桌子太小了,都摆不下啦!"

为了支持他们的游戏,我在区角里为他们腾出了一片空地,并请他们从桌面转移到地面玩。孩子们开心极了。

更让我没想到的是:嘉阳竟然当起了小老师,教小杜用彩色木块摆圆圈,并且成功了!(图8-3)

图8-3

第 9 次：木块的新组合

> **解读**
>
> 此时，嘉阳的探究已经从单个体向组合体升级了，估计是受到多米诺骨牌视频的启发吧！
>
> 视频中许多多米诺骨牌的摆法都是立体的，嘉阳是在初步探索立体多米诺骨牌的搭法，也许在嘉阳心中一个更伟大的计划正在萌发！

11月2日，嘉阳又有了新玩法。只见他在每两个木块上面再平放一个木块，摆成多米诺骨牌的样子。（图9-1、图9-2）

图9-1　　　　　　图9-2

嘉阳："我想试一试，这样可不可以倒。"搭好后，他一推，木块一个接一个哗哗地倒下了。嘉阳很惊喜，他的实验成功了！

第 10 次：嘉阳当上了大家的老师

解读

也许前期与毛毛、小杜的合作的经历让他感受到了与人合作的快乐和益处。他明白一个"伟大"的计划仅凭个人的力量是很难实现的,所以他会主动提出要与人合作。嘉阳从一开始的不愿与人合作,到被动合作,再到主动指导他人及寻求合作,社会性得到拓展。

支持

抓住教育契机,支持他与他人合作的想法,努力让他感受到与人合作的优势和乐趣,从而强化他的合作行为。

图 10-1

11月3日,嘉阳说,他想用所有的材料围绕教室做一个大圆,并且主动提出需要大家的帮助。这让我太意外了,一向喜欢独自游戏的他竟然主动提出要与他人合作。于是,我帮助嘉阳一起召集小伙伴参与到他的"大圆计划"。(图10-1、图10-2)

图 10-2

没想到很快就得到了许多小朋友的响应,大家纷纷来帮忙。(图 10-3)

图 10-3

但刚开始他和小伙伴们的合作似乎并不顺利,因为除了嘉阳,其他小伙伴的游戏经验以及游戏技能均不能支持计划的实现,在摆放的过程中不断有意外发生,因此直到游戏时间结束他们也没有成功,但嘉阳并没有因此而责备大家,因为他看到大家都因为失败而显得有些失落。(图 10-4)

解读

游戏中的嘉阳变得越来越明白合作的意义,也越来越能接纳别人,能够与他人愉快合作了。

反思

嘉阳的这些变化对他来说是有重大意义的。我惊叹于持续追踪关注一个孩子的游戏会给孩子带来如此大的变化,我也在反思变化是如何发生的。

一直以来都希望嘉阳能够更加包容一点儿,随和一点,也曾多次建议他在游戏中与人合作,但并没有被他所接受。慢慢地孩子们也不太会主动靠近他。

这段时间,因为我对嘉阳的关注以及嘉阳本身对多米诺游戏的兴趣,嘉阳成为了班级里"多米诺游戏高手",他备受孩子们的崇拜,并获得同伴的主动接近,这为嘉阳体验合作的价值提供了机会。

这不禁让我反思,帮助儿童发展他的弱势不是一直盯着弱势不放,而是通过发挥他的优势来带动弱势的发展。嘉阳正是充分发挥了他爱探索的优势让他获得同伴的喜爱,从而为他与人合作能力的发展提供了机会。

图 10-4

害怕孩子们因为失败而丧失信心,也为了进一步激发孩子们的探索欲望,我和班上的老师们利用中午孩子们的休息时间,齐心协力用班上各种可以玩多米诺骨牌游戏的材料,在教室的中心摆了一个更为复杂的图形。(图 10-5)

孩子们起床后,看见老师摆的巨大的多米诺一个个倒下,"哇、哇"的惊呼声不断。孩子们都迫不及待地加入了玩多米诺的游戏,兴趣空前高涨!(图 10-6)

解读

视频虽极大地激发了孩子们探究兴趣,但孩子们只能透过屏幕间接感知。教师的示范可以让幼儿直观感知到更为复杂的图形是可以实现的,更能给他们力量与信心!

图 10-5

 注释

教师用班级所有的多米诺骨牌材料摆了一个孩子们多次尝试也不能实现的复杂的图形。

图 10-6

支持

同伴的示范更易于激起幼儿模仿和挑战的愿望。同时，请嘉阳做小老师能够进一步增进嘉阳与同伴之间的关系，为嘉阳更多的合作行为提供了可能。

注释

嘉阳为同伴示范多米诺骨牌游戏的玩法。

下午的餐前活动环节，孩子们纷纷提出想玩多米诺的游戏，但尝试后发现并没有想象中的那么简单。于是，我请嘉阳当小老师给大家做示范。嘉阳的精彩表现赢得了小朋友们的阵阵掌声。（图10-7）

图 10-7

第 11 次：去教室外面玩

支持

将游戏从室内转移到室外,让更多的孩子可以参与,对于嘉阳来说,这也可能带给他更多的同伴交往和合作的机会。

11月4日,受到前一天老师玩多米诺游戏的激发,更多的孩子参与到了多米诺游戏中。由于参与的人数过多,教室的空间已不够。于是,我将班级门口的升旗平台利用起来,建议孩子们将游戏从室内搬到室外!(图11-1)

图11-1

面对一群如此有探究精神的孩子们,我想我能做的就是最大限度地提供时间和空间上的保障,让孩子们感受到自己的想法被认可、被尊重。这是一个能够

实现自己的游戏愿望的地方,我想这是我对孩子们探究兴趣的最好回应。(图 11-2)

图 11-2

 反思

为儿童创设鼓励探究的环境、提供时间和空间的保证能引发儿童更多的探究行为。

第 12 次：挑战大圆

11月5日，嘉阳对我说："小张姐姐，我今天想继续挑战大圆。"

我："你今天需要同伴的帮助吗？"

嘉阳："需要，我一个人完成不了。"

我："那你可以把你的想法告诉大家，邀请小朋友参与进来呀！"

嘉阳："你可以帮我召集小朋友吗？"

我："我可以帮你请孩子们暂时停下自己的游戏，听一听你的计划，但是邀请鼓动大家参与你的计划需要你自己去做哦。你现在已经是大家心目中的'多米诺游戏之王'了，相信一定有小朋友愿意加入你的游戏！"（图12-1）

图12-1

 解读

嘉阳越来越意识到合作的重要性。

支持

从嘉阳与我的对话中我感受到在社会交往方面嘉阳还是不够自信。我想我应该给予嘉阳更多锻炼的机会，让他品尝到努力后的成功感，这对帮助嘉阳建立交往自信有很大的好处。

因为多米诺骨牌游戏，嘉阳已经在小朋友心中树立了正面强大的形象，因此，此时请嘉阳独立去邀请小朋友参与他的游戏，一定会得到孩子们的响应。

因此，在评估了嘉阳的能力现状后，我决定这次退后一点儿，让嘉阳独自去面对邀请人的任务，让他在挑战中不断成长！

嘉阳:"好吧,那我试试!"

我组织孩子们围在一起,请嘉阳再次向大家介绍了挑战大圆的计划。

嘉阳:"我打算用班级里所有能玩多米诺骨牌游戏的材料围绕我们的活动室摆一个大圆。这个计划要是实现了一定很厉害,但是这个计划要很多人一起努力才能实现。谁愿意跟我一起挑战大圆呢?"

嘉阳话音刚落,就有一群孩子积极响应。嘉阳乐开了花,他没有想到会有这么多小朋友们愿意加入他的游戏,这让他感受到了一种被他人接纳与信任的成就感与幸福感。(图12-2)

解读

合作游戏的愉悦体验让嘉阳愿意为争取同伴参与付出努力,这是嘉阳一个很大的突破。

图12-2

说干就干,他们每人找到一块空地开始摆了起来。(图12-3)

图12-3

因为没有对摆放的位置进行明确的规定,大家各摆各的,这导致彼此之间摆放的材料不容易衔接。另外,由于每个人的职责和分工不明确,每一小段都有几个小朋友同时摆,导致过程中的失误率增高(一个小朋友刚刚摆好,另一个小朋友接着摆时不小心碰到前面的骨牌就得从头再来),因此直到游戏结束大圆还

支持

看到孩子们合作出现的问题,我并没有马上去引导,而是让孩子先自己去经历问题和失败,因为我知道问题是学习的开始,孩子的学习方式就是直接感知、亲身体验,在这之外任何的说教都是徒劳的。

反思

合作能力的习得是需要在真实的情景中实现的。我想孩子们这次失败的经历正是我支持孩子们学习有效合作方法的契机。

是没有成功!(图 12-4)

图 12-4

> **反思**
>
> 孩子们的合作虽然有些混乱,但相处得还算融洽,尤其是在经历失败后大家都能够相互包容、理解。
>
> 这些让我愈发相信:结果并不那么重要,每一个问题与困难背后都隐藏着多种学习的可能性;目标虽没实现,但过程磨练了孩子们的心智,让孩子们变得更加从容、淡定及具有同理心。

但令我欣喜的是孩子们面对失败已经淡定了许多,失败了大不了再重来,而不是相互埋怨、推卸责任。每个人都在为最后的目标而努力。

第 13 次：再次挑战大圆

支持

通过开放式对话引发幼儿反思，自主发现总结合作中存在的问题，帮助幼儿形成有效合作的方法。发现问题、提出问题也是大班幼儿应该具备的探究能力之一。

解读

嘉阳已从前期的失败中总结出了失败的原因，并很快想到了解决问题的方法。

在经历了过程中的无数次失败后，嘉阳解决问题的能力越来越强了。

11月6日，不甘心失败的孩子们决定再次挑战大圆。为了让孩子们的合作更有效，我首先组织孩子们就昨天的合作情况进行了讨论。

我："你们觉得昨天没有成功的原因是什么呢？我们只有找到了原因，今天进行了改进才有可能获得成功！"

虫虫："我昨天摆的总是会被其他小朋友不小心碰到，就总是倒，摆了很多次都这样。"

听到虫虫这么说，其他小朋友也连忙跟着附和："我的也是，不小心碰倒一个，就全部都倒了！"

我："那今天怎么避免这个问题再发生呢？"

嘉阳："我们可以一人负责摆一段，自己负责自己的。先不急着连起来，等每个人都摆好了，最后再来连接，这样你自己倒了就不会影响到别人了！"（图13-1）

我："你们觉得嘉阳的这个方法怎么样？你们同意嘉阳的这个办法吗？"

图 13-1

小朋友:"同意!"

我:"对,合作一定要有明确的分工,这样每个人才能清楚自己的职责。那我们是直接开始了吗?还有什么地方需要改进吗?"

大部分小朋友都说:"没有了,可以开始了!"

听到孩子们这么说,我准备引发孩子们思考是否需要明确每个人的距离和位置。这时毛毛说:"张姐姐,我有一个问题:"我到底从哪儿开始摆呢?"听毛

支持

通过讨论后的总结帮助幼儿梳理有效合作的经验。

解读

当孩子们在思想上达成了"合作"的共识，接下来合作游戏体验便是将认识内化、形成经验的最好途径。

毛这么说，我内心一阵窃喜，这恰好是我想引发孩子们思考的问题，于是我将毛毛的问题抛给了其他小朋友。

我说："这么多小朋友，我们怎么知道自己负责哪一段呢？"

小杜说："我们要先确定我们要摆多大，然后我们每个人负责一段。你只能在自己的位置上摆，不能到处乱跑，不然又会碰倒别人的骨牌。"

岩岩说："我们可以站在自己的点位上，就像表演站点一样，这样大家就不会乱了。"

毛毛说："这个办法可以，我们可以站点。嘉阳你说我们要摆多大的圆，我们就自己选择站在相应的位置上。"

我说："大家的办法很好，你看只有提前有规划，大家心中都有明确的目标，我们才能知道行动的方向，否则我们就会乱作一团。既然大家都有明确认识了，我们就开始行动吧！"

嘉阳便以地板间的缝作为参照确定了圆的大小，然后请每个小朋友站在地板缝上的相应的位置，这样既能保证大家摆放的在一条直线上，又分工明确互不干扰。（图13-2）

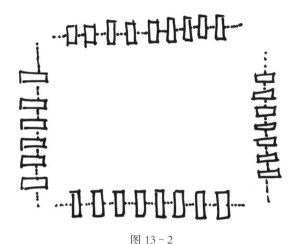

图13-2

最后经过讨论，大家甚至还规划了"大圆"（其实是不标准的长方形不同的边用不同的颜色，每一边的颜色要是统一的）。这样细致的讨论与明确的分工让每一个孩子都清楚地知道自己的职责是什么（用什么材

解读
孩子们正在练习有效合作的方法，这样的实践对帮助幼儿建立"合作"经验具有重要意义。

料,摆在什么位置,用什么颜色,摆多长)。(图13-3)

图13-3

因为目标明确,所以孩子们摆得更专注、更小心了。等到每个人都完成了自己的任务,嘉阳请毛毛、小杜、虫虫这几个细心且技术相对成熟的玩家来完成最后的连接部分。真是功夫不负有心人,最后终于成功啦!看着小木块一个一个倒下,并且倒下的速度越来越快的那一刻,整个教室都沸腾了!

反思

这次合作挑战大圆获得成功,让孩子们对合作有了新的认识。他们至少可以获得以下几点认识:一是有效合作的前提是每个人对目标任务有清晰的认识,这样大家才能劲往一处使;二是有效合作的原则是明确分工,即每个人都非常清晰自己的职责;三是有效合作的保障是每个人都要贡献自己的力量,要对自己的团队负责。我相信这样的学习体验对孩子的终身学习发展都是有益的。

第 14 次：挑战三角形

解读

嘉阳正在探索三角形状的多米诺摆放规律。经过前期的探索，嘉阳已经能够同时兼顾两个变量之间的关系来思考和尝试。

11月10日，挑战大圆成功后，嘉阳又开始探索新的形状了，开始摆三角形！我想是视频还在继续启发嘉阳。在摆三角形的过程中，嘉阳非常关注每一排三角形的个数与排之间的距离。（图14-1）

图14-1

看着他摆的三角形，我问："你的三角形摆放得真不错。有什么秘诀吗？"他说："有啊，就是第一排1个，第二排2个，第三排3个。"（图14-2）

图14-2

我又问："那第10排呢？"他说："当然是10个喽。"

> **解读**
> 嘉阳用多米诺骨牌拼摆类似"杨辉三角"的图形，并发现每一排之间的数量关系。

第 15 次：小杜，我明天陪你

11月11日，嘉阳依然选择用蓝色木块做三角形。当他的三角形排到第13排时，我看见他在用眼睛很仔细地在看着什么。（图15-1）我好奇地问："你在看什么呀？"他笑笑说："我在看这块木板对准前面的缝隙了没有。"

> **支持**
> 通过提问了解嘉阳的想法与已经建立的经验。

图 15-1

> **解读**
> 嘉阳不仅掌握了摆三角形时每一排个数以及排与排之间间距的要求,还探究出了积木的位置与倒不倒之间的关系。我对嘉阳越来越刮目相看了。

> **解读**
> 小杜对嘉阳的崇拜与欣赏让嘉阳很快乐,一个人越快乐就会越包容。嘉阳的人际关系正在向积极的方向发展。

我又问:"为什么要看呢?"他说:"如果木板的中间不对准前面的缝隙就打不倒。"他还补充道:"摆放的时候,后面一块积木要放在前面两块积木的缝隙中间。"我赞赏地说:"哦,原来是这样。"

游戏时,嘉阳还把自己的这个方法教给了小杜。可是,嘉阳成功了,小杜却没有成功。小杜很难过,没想到嘉阳说:"没事,小杜,我明天陪你继续摆放三角形,好不好?"

嘉阳能说出这样的话让我感到很意外,一个有些冷淡的男孩形象突然变得温暖起来。也许是游戏中与同伴共玩的经历让嘉阳体会到了与他人相处的快乐,也或许是小杜对他的崇拜和喜欢让他体会到被他人欣赏的幸福感与成就感。在与人相处的过程中,嘉阳变得越来越能够洞察他人的情绪,变得越来越具有同理心了。

第 16 次：算了，没事了，重来吧

解读

嘉阳已经能够与他人愉快合作了,也很享受与人合作的过程。

11月12日,嘉阳果然说话算话,陪着小杜继续挑战三角形,两人有说有笑,合作得非常愉快。当两人都摆好时,嘉阳还设计了一条路线将两个人摆放的三角形连接起来。而且,嘉阳很清楚路线的起点和终点都必须是两个人的第一个木块(图16-1)。眼看就要成功了,小杜不小心晃了一下桌子,瞬间,木块全部倒下!看到这一幕,两人都傻眼了!

图16-1

顿时，嘉阳大声叫着小杜的名字，一遍又一遍，连一旁的我都感觉到他很崩溃。为了让自己冷静下来，他跑进了厕所，我看到他的眼睛湿润了。我也赶紧冲进厕所安慰他，让他能尽快平复心情。（图16-2）

图16-2

我非常能体会嘉阳的感受，这是他辛苦了一个上午的成果，也是他第一次尝试将三角形进行连接。马上就能享受成功的喜悦了，可一个小失误就意味着要从头再来，没有谁比嘉阳更清楚摆多米诺过程中的

注释
平时，嘉阳很少哭。这是我第一次见他哭，我能感受到他的伤心和无助。

支持
适时的安慰能让孩子感到被理解。

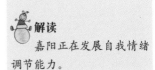
解读
嘉阳正在发展自我情绪调节能力。

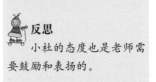
反思
小杜的态度也是老师需要鼓励和表扬的。

艰辛。

看到嘉阳如此难过,小杜也非常内疚。小杜很不好意思地来到嘉阳面前对他说:"都怪我,都怪我,对不起!"我本以为嘉阳不会理她,没想到嘉阳努力平息了自己的情绪,故作镇定地说:"算了,没事了,重来吧!下次你注意点!"(图16-3)

图16-3

嘉阳的反应太让我感动了。没想到他会这么快平息自己的情绪,而且原谅了小杜的不小心。如果是以前,嘉阳肯定会发很大的火!我突然觉得嘉阳长大了,像个小男子汉!

游戏时间结束了,三角形还是没有修复好。但我相信今天发生的这一切会深深地影响着他们。(图 16-4)

图 16-4

> **解读**
>
> 嘉阳正在学习对他人有同理心,学习包容、理解他人,而小杜也在感受什么叫"责任"——团队合作时,每个人都要肩负起自己的责任,一个人的过错可能会影响整个团队。

第 17 次：一个人玩有点失落

11月13日早上,小杜说:"我不想玩了,好累呀!"

听到小杜这样说,嘉阳有点失落,没办法只好一个人独自坐在那里玩。

一直到游戏结束,嘉阳的状态都大不如前。(图17-1)

图17-1

 解读

嘉阳今天很失落,因为小杜没有和他一起玩,说明他对多米诺的兴趣逐渐转移到了与同伴游戏上。

在长期的探究过程中,嘉阳已经感受到与同伴一起游戏的快乐,以及同伴带给他的学习力量。有了同

反思
失落里也包含着下一步学习的可能性。

伴,探究过程就有了情感,探究也变得更加丰富有趣。嘉阳获得的不仅仅是发现新知后的成就感,还获得了得到同伴的认可与欣赏后内心的满足感。

因此,当没有同伴的陪伴、交流和分享时,嘉阳感到探究的游戏也没那么有意思了。有了这段时间的体验,嘉阳以后可能会更喜欢和同伴一起玩吧。

第 18 次：我要搭一座城市

11月17日到22日,嘉阳又开始探索新的玩法了。这次嘉阳将多米诺的摆放形式从平面上升到了立体结构(图18-1)。从小的立体三角形到巨型的立体三角形(图18-2)。

> **反思**
>
> ①"就嘉阳探索多米诺骨牌游戏的历程来看,我们可能会得到一个初步的猜测或者结论——大班幼儿玩多米诺骨牌游戏的轨迹可能是这样的:
>
> 首先,摆出直线,同时探究骨牌本身和骨牌之间的距离。
>
> 然后,摆出曲线,主要探究曲线拐弯处摆放骨牌的要领。
>
> 最后,可能运用直线和曲线方面的经验来进行更为复杂的造型。
>
> 这种具体明确幼儿在某一发展方面的行为表现阶梯或者轨迹的知识,对教师支持儿童在游戏中学习与发展是非常重要的。也许我们的梳理不具有普遍的意义,但是我们自己尝试建构具体的、情境性的儿童发展知识对促进自身的专业成长是有重要意义的。"
>
> ——西南大学教育学部 苏贵民

图18-1

---

① 苏贵民. 在日常观察中建构微观的幼儿发展知识[J]. 学前教育, 2017(4).

图 18-2

> **解读**
> 视频的影响还在持续，嘉阳在不断根据自己的水平将目标提升到更接近视频为他构筑的梦想。

我问："为什么要摆立体三角形呢？"

嘉阳说："因为我想摆一个像视频里面那样的城市！"

原来在嘉阳的心里还藏着那个巨大的梦想：搭建一座城市。我要怎么支持嘉阳实现他的想法呢？我思索着。

11月23日，嘉阳和几个小伙伴将4张桌子拼在了一起，商量着要用所有的材料围绕桌子修建一座城市。我主动提出要加入他们的游戏。我们一起商量每一个细节。

在开始搭建前，我们首先讨论了自己心目中的城市是什么样子的，然后仔细分析了这样的城市是否可以用搭建骨牌的方式来实现，不好实现的部分只有舍弃。经过一番激烈的讨论，我们最终确立了想要修建的城市的形象，并绘制了设计图。（图18-3）

图18-3

支持

我主动提出要加入孩子们的游戏就是想要支持嘉阳实现"搭建一座城市的愿望"，这个决定是基于我对儿童已有水平的判断。

我认识到这个愿望的实现需要大家更高水平的配合。设计图的讨论、位置的规划、人员的分工、材料的选择等均需要详细地讨论和规划，但目前孩子们的已有经验还无法完成这样的讨论和规划。

此时我以"引领者"的身份参与孩子们的游戏，目的就是让孩子们在亲身体验中学习做游戏规划，体会规划在合作中的重要性。

绘好设计图后,我们又进行了详细的分工。每个人自主选择自己要搭建设计图中的哪一个部分并且确定自己要用的材料,自己负责自己的部分,最后进行连接。(图18-4)

> **支持**
>
> 深度参与,和孩子们一起提前规划、设计、分工,为有效合作提供重要保障。

图18-4

经历了过程中的各种失败,最后终于实现了嘉阳心中想搭建一座城市的想法。当多米诺一个一个倒下

的那一刹那,孩子们沸腾了!(图18-5)

反思

成功的体验将进一步激发孩子们持续探究的兴趣,为孩子提供更多的学习、发展可能性。

注释

图18-5只是"城市"的一角。

图18-5

启示

从这持续 25 天的观察、连续 18 篇的记录中,我看到了多米诺游戏带给嘉阳和其他孩子的各种学习可能,也看到了嘉阳不断地为自己设立更高目标、不断挑战自我、在与环境的互动中建构对事物之间关系的认识的无数个"精彩时刻"。

这期间,我也在努力地读懂嘉阳的各种学习可能性。比如,在探索过程中,嘉阳在建构自己的理论——材料的轻重、材料的距离、材料的数量、摆放拐角弧度与"倒不倒"之间的关系。再如,他的小手肌肉的控制能力越来越强。又如,他的耐心、意力、坚持、专注等学习品质在游戏中均得到了极大的锻炼。

更重要的是,嘉阳在学习对他人抱有同理心,学习理解、宽容与包容他人,学习控制和调节自己的情绪,学习如何与他人合作相处。在我眼里,这些对他来说才更有发展价值。

这些都让我看到了一个勇于挑战自我、善于观察反思的学习者的形象。

嘉阳的故事也让我感受到,发现孩子的优势、支持孩子的优势发展的过程,带来的不仅仅是优势越来越强,同时也会带动弱势的发展。扬长不必避短,而是可以扬长补短。

游戏是促进孩子全面发展的一个非常好的途径,并非孩子游戏了就一定有发展,孩子在游戏中真正获得发展需要教师的支持和引导,将游戏一点点引向更深入、更宽广的空间!

后记

成都市第十六幼儿园园长　余　琳

游戏，是学前教育课程最重要的组成部分，是"儿童本位"课程观的具体体现。幼儿园的课程就是一件件正在发生的事，一连串幼儿游戏过程中的故事就构成了儿童的成长课程与生命历程。

我园自 2007 年开始，就一直致力于抓住"游戏"的精髓，在儿童自主游戏引领下构建以"游戏，绽放童年生命"为核心理念的课程。"嘉阳的 18 次挑战"这一课程案例就是在教师不断走进幼儿游戏现场，研读幼儿游戏需要，预期幼儿发展目标，支持幼儿探究行为，助推幼儿深度思考，帮助幼儿梳理经验中总结出来的。我们希望读到这个案例的教师们，能体悟游戏在娱乐性、随意性中隐含的学习与发展，感知教师在提升幼儿游戏质量过程中的重要价值。

"嘉阳的 18 次挑战"构建的基本思路

以信任儿童、欣赏儿童，建立儿童学习者的积极自我形象为内核的课程，更加关注幼儿活动过程中的自我目标和发展突破点，也更能在顺应儿童本体的课程计划中推进活动的持续开展。

一、在游戏中整合建构课程目标

"嘉阳的 18 次挑战"的目标，既包括教师对儿童在已有水平上不断推进的发展预期，又包括儿童在游戏中层级递进的自我计划、自我需求与学习发展线索。这样的整合平衡了"师"与"生"的关系,在突出"生本位""趣本位""学习品质首位"的课程目标的同时,也隐含着教师引导儿童、推进儿童发展的期待与守护儿童自主探索、挑战自我、突出优势的教育追求。

二、在游戏中整合创生课程内容

在"嘉阳的18次挑战"中,儿童身处的游戏环境、活动材料等,都是教师事先准备好的,是静态的课程资源,也是教师预设的课程内容,但儿童会怎样运用这些资源,开展怎样的活动,却是教师无法预设的。游戏过程中教师不断注意儿童与材料互动的过程,识别儿童行为中的学习产生及内隐的学习品质,回应儿童学习中的兴趣和优势。不难看出,该课程很好地将教师提供的课程资源,儿童生动而有个性化地与材料互动产生学习的过程整合了起来,实现了课程内容在追随儿童自主活动的过程中不断整合创生的目标。

三、在游戏中整合推进课程实施

"嘉阳的18次挑战"中嘉阳及同伴玩耍过程,就是课程实施的过程。教师通过与幼儿对话,充分肯定与赞赏幼儿,为幼儿营造了良好的探究氛围;又通过小组活动、个别活动,为更多儿童搭建了超越自我的学习支架,让多米诺骨牌游戏活动不断在"个体突破——集体参与"的循环推进中,实现儿童快乐玩、有效学的课程实施目标。

四、在游戏中整合完善课程评价

"嘉阳的18次挑战"体现了课程评价中的如下整合:一是过程评价与结果评价整合。案例中,教师对儿童的认可随处可见,流淌于整个游戏过程。二是教师评价与儿童评价整合。案例中充满了儿童的自我认同与反思改善。三是儿童自评与同伴评价相结合。案例中同伴的赞扬与模仿是最好的他评。当《嘉阳的18次挑战》被家长阅读后,评价的多元主体得到更大的拓展和整合。